JN418472

사진_ 안성용

권선희

꽃마차는 울며 간다

애지시선 071

꽃마차는 울며 간다

2017년 8월 30일 초판 1쇄 발행

지은이 권선희
펴낸이 윤영진
편 집 함순례
디자인 함광일 이경훈
홍 보 한천규
펴낸곳 도서출판 애지
등록 제 2005-5호
주소 34623 대전광역시 동구 대전로867번길 46
전화 042 637 9942
팩스 042 635 9941
전자우편 ejiweb@hanmail.net

ⓒ권선희 2017

ISBN 978-89-92219-70-9 03810

* 저자와의 협의에 의해 인지를 생략합니다
* 이 책 내용의 전부 또는 일부를 재사용하려면 저자와 애지 양측의 동의를 받아야 합니다

애지시선 071

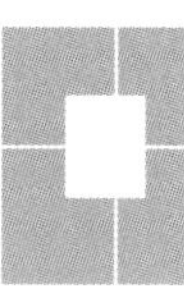

꽃마차는 울며 간다

권선희 시집

□ 시인의 말

화가 많은 시절이었다
10년, 불길한 삶이 복리로 불어났다
살아서는 죽어도 못 내릴 길에서 주운
쭉정이도 씨앗이라고 묻는다, 묶는다

차례

시인의 말 005

제1부

해파리는요 013
노을 014
복자 언니 016
부적符籍 018
숙주宿主 019
팔자 020
11월의 저녁 식사 021
수장水葬 022
소낙비 023
추석 024
마지막 연하장 025
쉰 살 026
생흔화석 027

제2부

누가 더 불쌍한가 031
다시, 구만리 032
꿈일 뿐이었을까 033
참 나쁜 위로 034
작명 035
방생일화 036
칸나의 자살법 037
짝다리 038
오래전 열쇠를 잃었다 040
사램이 고래만 같으믄 042
골방블루스 045
원기소에 대한 기억 046
서로 048
비상구 049

제3부

꽃마차는 울며 간다 053
빈집 054
뜨거운 말 055
종기를 짜는 일도 쉽지 않아 056
적조赤潮 058
폐교 059
물고기도 운다 060
쨍 062
구름의 손목 063
충분한 슬픔 064
태풍 065
갱년기 066
거짓말 067

제4부

둘째 발톱 071

가을, 구룡포 072

씨바씨바 074

돌림노래 075

어떤 배려 076

목포집 덩실이 078

관풍대 080

과메기 081

암연黯然 082

흉어기 083

알뜰수선 그 너머 084

오해를 풀다 086

숙희 이야기 087

꼬리 088

발문 | 김해자 091

제1부

해파리는요

해파리는요 뇌가 없어요 그런데도 사랑을 합니다 알을 말아 품고 죽어서도 둥둥 그걸 지켜요 줄곧 먹고 싸는 것들이 죽으면 썩은 내가 진동하지만 걔들은 냄새라곤 없어요 그냥 흡수하고 뱉으며 바다로 살지요 말간 몸에서 발딱발딱 심장만 뛰는데요 그게 말이죠…

횟집 차렸다가 삽시간에 쫄딱 말아 먹고 갈치배 타는 이 씨, 간만 전화에 해파리 잔뜩 푼다 검색창에서 재차 확인하려다 접었다 이 씨 해파리를 세상 모든 해파리로 등재하는 아침,

노을

사내는 자고로 화끈해야 한다고
말끝마다 노래하던 사내
놀음판 개평 챙겨
가끔은 쫄깃한 슬픔도 시켜 먹었다
삶은 이미 계약 만기였으나
수천 번 구르다 보면 분명코 땡 잡을 날 온다고
배짱 하나 꼬불치고 뻥치고 등치며
머릿기름 확실하게 발라 넘겼다
흰 운동화만큼은 눈부시게 빨아 신었다
긁으면 긁을수록 부풀어 오르는
가려운 저녁일수록
잃고 따는 법칙 좆나게 읽었다

사내는 자고로 화끈해야 한다고
말끝마다 노래하던 사내
시원하게 그었다
생의 카드깡

용두산 너머 붉은 손목
화끈하게 탄다

복자 언니

"어으·· 어으"

오전 내내 자맥질한 복자 언니가
내 손목 끌고 제집으로 간다

"어으·· 어으으·· 어으"

툇마루 쓸고 어깨 툭툭 쳐 앉히고는
반쯤 벗은 물옷 차림으로 수돗가에 앉아 소라를 깬다

누구는 시집갔다가 돌아왔다고 하고
누구는 가지 않았다고, 누구는 가지 못했다고 하는 복자 언니에게도
어디엔가 아들이 하나 있다는데

저녁마다 비파 청동검 품은 고리족처럼
방파제 끝에 큰 키로 서는 언니

귀도 막고 입도 막은 복자 언니 복은
어디서 어떻게 불어나고 있을까

부적符籍

아내는 떼로 몰려온 우환 겨우 치르고 삼재가 들었다는 말 한 마디에 뱀띠 부적 똘똘 말아 끼운 단풍나무 목걸이 걸고 다니다 그만 잃어버리고 말았는데요 다시 재앙의 복판에 선 듯 불안을 안고 살다 아무래도 안 되겠다며 떠난 밀양 어딘가 그 절

나 참, 대단한 큰스님이 써준 것도 아니고 십이지신마다 수십 개 수백 개씩 복제되어 걸린 불교용품점에 그걸 구하러 간 것이 한심하다가 '깊고 간절한 마음은 닿지 못하는 곳이 없다네' 벽에 붙은 한 구절에서 그만 붉어지데요

눈발 뚫고 가는 그 길이 바로 부적입디다요

숙주宿主

괄약근 푼 똥꼬는 새집 같았다

비닐장갑 낀 둘째손가락으로 살살 똥을 주웠다

오목한 새집에서 알이 굴러 나왔다

손바닥에 안기는 까만 어머니는 작고 귀여웠다

낡아 허물어질 때마다 보수 기회를 놓친 몸에서

똥은 칠십구 년이나 잘 살다 갔다

팔자

복숭아 값 좋아 잘만 하믄 빚 싹 다 갚겠다캤드만 자식 놈 사고 쳐가 말아 묵고, 집 나간 큰년 돌아오이 마 셋째 년 나가삐고, 천 날 만 날 소 새끼맨키로 일만 하던 마누라는 수술도 몬하고 죽아뻿는데 뒷산 텃밭은 와 인자서 저래 값이 오리노 말이다

11월의 저녁 식사

뱃공장 언덕 조광상회 검둥이 눈매 깊은 국
끄무리한 먼 산 지느러미 조림
덕장 시누대 비늘 볶음
수평선 총총 오징어배 집어등 무침
제일 먼저 불 켠 제일교회 첨탑 위 벌건 십자가 구이

그러고도 빌어먹을,
그리움 한잔

수장水葬

모로 누운 등 뒤에서
껴안는 낯선 바다
밀고 드는 물기둥에서
간지러운 치어 떼와
수초들이 풀려 나왔다
숨죽인 귀로
눈송이처럼 터져 심해로 간 사람과
산란 향한 뱀장어 긴 유영과
검은 해류 지나는 푸른바다거북의 안부가
흘러들었다
금빛 복숭아 들고 돌아오는 저녁처럼
비로소 붉어진 나는
눈 감은 채 젖을 무는 바다
이마를 쓰다듬었다

소낙비

나흘 못 채운 만 19년, 살다 갔다

머리맡에서 하룻밤 재우곤 아침 일찍 바닷가 기슭 곰솔 아래 묻었다

흰 돌 주워 무덤에 울타리 쳤다

수선화 세 뿌리 옮겨다 심었다

꼬리 자르지 못한 채 들여보내고 무변광대無邊廣大한 봄

돌아 나오며 주문 걸었다

개가 죽었을 뿐이다
개가 죽었을 뿐이다

추석

아고야, 무신 달이 저래 떴노
금마맨키로 훤하이 쪼매 글네
야야, 지금은 어데 가가 산다 카드노
마눌 자슥 다 내뿔고 갔으이
고향 들바다 볼 낯빤디기나 있겠노 말이다
가가 말이다
본디 인간으로는 참말로 좋았다
막말로 소가지 빈 천사였다 아이가
그라믄 뭐 하겄노
그노무 다방 가스나 하나 잘못 만나가 신세 조지 뻬고
인자 돌아올 길 마캐 일카삣다 아이가
우찌 사는지럴
대구빠리 눕힐 바닥은 있는지럴
내사 마 달이 저래 둥그스름 떠오르믄
희한하재, 금마가 아슴아슴 하데이
우짜든동 처묵고는 사이 소식 읎는 기겠재?
글캤재?

마지막 연하장

동쪽 바다로, 태백 준령 높은 산꼭대기로, 더러는 서쪽 해안가로 몰려갔다 풍선처럼 가슴 빵빵하게 돌아오는 모습은 부럽지 아니할 수 없다 싱겁지만 우리도 새해 인사나 하자 보험왕인 친구 점열이가 병원으로 보내준 연하장 내용, 그대로를 보내드려야겠구나 용띠 해라고 껍데기엔 여의주 문 용대가리가 춤을 추는지 날궂이를 하는지 내사 모르겠다만

希望찬 새아침에 健康과 幸運을 祈願하오며 새해에도 변함없는 聲援을 부탁드립니다. 새해 福 많이 받으십시오

망할 자슥, 쾌유해서 나오면 말술 받아준다고는 못 써도 이름 석 자는 제 손으로 갈길 것이지 이 기원은 배 아플 때 엄마가 떠먹여주던 아주까리기름 한 종지다 그러나 위 내용만큼은 새해 인사로 딱이니까 꼭 품고 버텨보자

쉰 살

며칠째 꿈은
오지 못하고

밤새도록 창가 서성인 붉은 눈으로
두피가 피워 올린 꽃 본다
가랑파처럼 싱싱하게 솟아난 흰 머리칼
사이로 징그러워라
긴꼬리투구새우들이 바글거리며 허물 벗고
서로 살점을 맛있게 뜯어 먹는다

빠샤뿄새캙캑캬옯나옯나따꺍캵앙냥냫냐

생흔화석

붉은 저녁을 향해 뛰었다
능숙한 사냥꾼을 택하리라
단숨에 숨통 끊을 줄 아는
조용한 눈빛에 이르면
흔쾌히 정지하리라

먼 훗날 너는
세밀한 눈금의 자를 들고 와
이 편지의 깊이를 잴 것이다

땡볕 같은 사랑을 좇다
본능으로 찍은 낙관
노련한 연골과 빛나던 눈동자
목숨으로 목숨을 연명하느라
훔치던 눈물까지

제2부

누가 더 불쌍한가

손 없는 집, 첩 들였다

영감 하나에 큰댁 작은댁 함께 살았다

작은댁 새끼를 큰댁은 여섯이나 받았다

영감이 병들었다

큰댁은 젖도 안 뗀 막내까지 여섯을 업고 끌고 부산으로 가버렸다

작은댁은 자맥질하며 살았다

큰댁은 광주리장사로 새끼들 키웠다

막내가 장가들 때도 만나지 않았다

영감은 죽지 않고 누워 있다

다시, 구만리

명자꽃 같은 누이가 살았다
검은 머리 길게 땋은
내 첫 처녀
청보리 수런대며 익어가는 구만리에
누이가 살았단 말이다
고작 열아홉 위로 군용트럭이 지나고
뻐꾸기 쑥벅쑥벅
통신병 제대 날짜 당기며 울 때
물등대 바라보던 누이 눈으로
그렁그렁 차오르던 봄
분명 있었단 말이다
산당화처럼 때론 해당화처럼
어둡사리 무렵 내음은 아렸단 말이다
구만리 바다가 온통 누이 노래로 붉은 적
있었단 말이다

꿈일 뿐이었을까

당신은 저기 녹음 속 추녀 겨우 보여주는 미소사에 잠 풀고 나는 사하촌 여인숙에 몸 맡겼지요 그 거리 이승과 저승처럼 닿아있어도 밤새 잡을 수 없었소이다만 아, 다 행히도 혼몽 지나며 뜨거워진 영혼이 몸뚱 몰래 일어나 주더이다 나는 그 새벽 유령처럼 산으로 향하고 당신은 내려오고 그러다 솔향기 아래 우뚝 멈추었을 때

그렇소 실은 당연한 거였소 당신과 내가 아무리 꽁꽁 동여매고 따로 누워도 영혼은 겨우 잠든 사이를 절대 놓 치지 않았을 것이오 결국은 지름길 가로질러 끈끈한 새벽 누리고야 말 것이었소 몸 튼 소나무 아래를 스님 혹여 지 나신다 해도 새벽이 멈추지는 않을 것이고 오히려 더욱 정갈한 템포로 익을 것이라 확신하오

그래봤자 꿈일 뿐이라고, 달라질 건 아무것도 없다고 당신은 우길지 모르나 천만에, 나는 아오 이 편지만으로 도 당신에게 미소사微笑寺는 더 이상 절이 아니라 새벽임 을, 흐흐

참 나쁜 위로

너는 할 수 있어!!

작명

남해 작은 섬 임하도에 들어가 작업하는 조 화백이 강아지 한 마리 선물 받았다며 사진을 보냈다 진도 가문과 풍산 가문 혈통이라는 녀석은 잔뜩 쫄았다 온통 하얀 털이니 흰둥이도 좋고 백구도 좋고, 암놈이라니 진순이나 풍순이도 나쁠 것 없지만, 기왕이면 이쪽 집안 저쪽 집안 고루 서리게 풍진이라 이름 지어주었다 풍진風塵 세상 잘 살라는 바람도 얹었다 섬에서 아비처럼 자식처럼 기대라고 성도 붙였다

진아, 풍진아, 너는 당당하게 개다워야 할 조풍진이다

방생일화

향일암에서 내려와 온양서 오신 보살님들과 셔틀버스 탔지요

정월대보름 방생법회 왔다는데요 미꾸라지 풀고 돌아가는 길이라데요

동백나무에서 톡톡 달아나고 피어나는 꽃 보며 그러시구나 끄덕이다

가만있자 바다에 미꾸라지라, 괜찮겠냐고 물었지요

괜찮을 거유, 짭조름하니 아마도 좋아할 거유

방생放生인지 방사放死인지 공양供養인지
뻣뻣하게 죽은 미꾸라지와 훨훨 헤엄치는 파도 사이가
암만 생각해도 갸우뚱한데요
보살님 한 분 두 분 졸기 시작할 무렵, 글쎄
아웨나무 너머 고단한 남해는 왜 그리 푸르던지요

칸나의 자살법

나도 아는 남자가 새벽 숲에 목을 맸다
한 도시 시장을 지낸 그의 가족들은 사인을 심장마비라고 발표했다

미끼와 독을 끊고 모험을 시작할 거야, 해와 달과 별과 바람과 구름 따윈 이미 낡았어, 아무것도 죽지 않아, 보름이면 된다고 했어, 딱 보름이면 피 흘리지 않고 진다고 했어

살구나무 몸 흔드는 정원에서
조간 읽은 칸나가
검붉은 목 바람에 매달고 있다

짝다리

고영민 시인이 문어를 부탁한다
구순 어머니께서 드시고 싶어 한다며
짝다리도 괜찮으니
적당한 크기로 골라 달란다

판장에 나가 이 놈 저 놈 들어가며
홍정을 하노라니
내 팔순 어머니 생각이 난다
한 마리 더 골라 얹는다

김 올리며 나란히 걸린
문어 두 마리
어디서 어떻게 잃었는지 다리가 도합 다섯이 없다
뜯긴 허벅지에서 새로 돋은 발들이 꼬들꼬들하다

구순 엄마껜 다리 둘 없는
팔순 엄마껜 다리 셋 없는 짝다리가

절뚝절뚝 간다

오래전 열쇠를 잃었다

술 취한 수부 주머니를 뒤지거나
골목에 주차된 넋두리
툭툭 발로 차는 날

읍사무소 담벼락에 기댄 공익요원은
누군가에게 겹벚꽃 이파리 전송하고
부동의 1위를 그 후보가 지키는 동안
해무는 인중까지 차오르고

뚱뚱하게 살찐 여자가 위를 절제하거나
30대 남녀를 살해한 청년들이 체포되는
한 시간 빠른 뉴스 앞에서
메마른 섹스의 후렴처럼 길고 어두운 골목은
마지막 기회를 운운하고

며칠째 수온은
급속히 상승하였다가 급격히 하강하며

아무 구멍이나 쑤셔댄다
열리지 않는
열릴 리 없는

사램이 고래만 같으믄

고랫배 타고 반평생 싸돌았다마는
살라꼬 온 데로 설쳤다마는
금마가 을매나 자슥들로 물고 빨매 애끼는지
내는 안다

반들반들하니 시커먼 눔 만나믄 말이재
가슴이 벌컹벌컹 뛰는 기라
금마가 을매나 이쁜지 모르재?

내하고 금마하고 똑같이 울렁울렁
지칠 때꺼정 파도 타매 가는데 말이다
금마 옆구리에 몽실하니 새끼가 붙은 기라
우짜겠노 내는 사램이고 지는 괴기니
놓치지 않을라꼬 가기는 간다마는
맴이 억수로 씨는 기라

그래그래 가다보믄

새끼가 고마 처진다 아이가
그라믄 우짜는 줄 아나?
요래요래 지 한쪽 팔에 새끼로 얹아가꼬 간다
포 쏠라꼬 배는 달라붙재
새끼는 깩깩 울재
가슴팍에 피멍인들 앤 들겠나 말이다

어미 고래 질질 끄잡고 온 날은
난리가 난데이
울 마눌 입은 째질 대로 째지고
온 동네 사램들 마카 모딘 판장은 그야말로 굿판이재

그라믄 모하겠노
술 한잔 묵고 든 집구석 온천지
새끼 델꼬 도망치던 금마 오락가락 하지럴
깩깩거리메 에미 찾을 새끼 오락가락 하지럴
내 그런 날으는 한 숨도 몬잤데이

새끼 내삐리고 소식 읎는 둘째 놈
검둥고래만도 몬한 놈
고래 새끼만도 몬한 내 손주 놈이 가여버가꼬
잠든 볼때기만 조물락 조물락
날밤으로 씨꺼멓게 샜데이

골방블루스

자작나무 모텔과 항구다방 사이 골목에 부영식당 있는데요 그 식당 명물 돌아앉은 골방이지요 사내들 지퍼 열며 드는 변소 앞이지만요 호마이카 접이상에 눅눅한 미주구리 한 접시, 얼음 서걱한 콩나물국, 늙은 호박 두툼하게 삐져 넣은 도루묵찌개 오르면요 들추는 겨드랑이마다 핀 하얀 소금꽃과 긁을수록 부풀어 오르는 슬픔도 말입니다 팽팽히 울대 세워 진한 농 한 배만 돌리면 다 엉기는

보일러 잘잘 끓는 겨울밤, 새큰한 신참이 빨간 보자기 펴고 물커피 뽀얀 김 팍팍 올리면요 낡은 꽃 만발한 벽에 기대 무능한 지느러미나 난무한 속설 젓가락질하던 사내들 죄다 무너지고요 불알 떨어진 시계만 아찔하게 익어가는

원기소에 대한 기억

배 타던 아버지 풍랑 만나
흘러 흘러 일본엘 갔다지
오만 조사 다 받고 겨우 풀려나와
썩은 속 어무이 품에 원기소 한 통 안겼다지
고 맛이 고소하기 이를 데 없어
예닐곱 살 까까머리는
원기소 통 훔쳐내어
동네를 장악했지

한 알씩 때 낀 손바닥 위로 배분하며
부풀던 우두머리 꿈은
텅텅 빈 원기소 통으로 들어가 갇히고
원기소가 사라지자 아이들도 사라졌지
이노무 소상 그기 어떤 기라고
어무이 몽당 빗자루 들고 쫓고
나는 냅다 세골 둔덕을 달렸지
달개비 무성히 피고

소들이 집으로 돌아가는 저녁을
원기소 힘으로 달렸지

서로

문거재 아래 후송당後松堂 고택 지나 오래된 고샅 휘도는데
다 드러난 겨울 숲에서 고라니 한 마리 펄쩍펄쩍 내 쪽으로 뛴다

순간,

들이받을 지도 모른다, 나는 쓰러질 것이다, 누군가 달려와 경찰을 부르고 고라니는 사살될 것이다, 낼 아침엔 포항 사는 50대 여인이 대낮 야생 고라니 습격을 받아 중상이라는 뉴스가 나올 것이다

뒤돌아 뛰면서 뒤돌아보았다
고라니가 한 무더기 억새 덤불로 몸을 날린다

녀석이 가슴을 쓸어내린다

비상구

알았어 줄게
싱싱한 폐 한 점
아직 뜨거운 것 스윽 베어
입구에 달아 놓을게
금방 까마귀 떼가 몰려올 거야
까악 까악 즐거운 식탁이
작업종료를 알리면
나를 밟고 지나가렴
선홍색 노래 쪽으로 소년처럼 걸어가렴
타협을 만나면 먼저 손 내밀어야 해
개를 만나면 쓰다듬어야 해
식탁만을 향해 걸어가야 해
어두운 갱 속엔 꽃이 없어

제3부

꽃마차는 울며 간다

산전수전 다 지나온 말 한 마리
산잔수전 다 지나온 노부부 싣고
하필이면 해맞이공원에서 꽃무덤 끈다

잘린 시야 측면은
가리개 너머 신神들은 무고한가

추진推進을 촉구促求하는 고삐
재갈을 자극하며 키스하는 모퉁이
절벽 아래 수심은 터무니없는데

채찍이 긋는 이 오후는
이승인가, 저승인가

빈집

누이가 입덧을 했다
고추 모종 심고 저녁답에 돌아온 어머니는
뒤란 풍로 위에 약탕기부터 올렸다
누이는 울 밖 복숭아나무 아래까지 나가
노란 똥물을 게웠다
사람 안에 사람 생기는 일
사람이 사람 하나 세상에 내어놓는 일에 대해
복숭아나무는 어린 복숭아들에게 소곤거렸다

누렁이가 새끼를 여섯 마리나 낳았다
장에 다녀온 아버지는
화덕에 솥 걸고 북어대가리를 끓였다
누렁이는 누렁누렁한 눈으로
아버지를 바라보았다
검고 희고 얼룩덜룩한 새끼들이
퉁퉁 불은 젖 물고 빨며 토실토실 야물었다

뜨거운 말

영기가 면도칼로 손목 세 군데나 긋고
수술에서 깨어났을 때
큰형 팔뚝 움켜잡고 했다던 말
나 좀 살려줘,
형

둘째 영기가 이제는 맘 잡겠다고
오른쪽 새끼손가락 자르고
퇴원하던 날
두 손을 두 손에 가두고 했다던 엄마 말

니는 죽은 니 아부지와 내가 만든
고귀한 선물이다 이 상노무 새끼야

종기 짜는 일도 쉽지 않아

복날 구실 삼아 둘러앉았다
닭 모가지도 한번 비틀지 못한
우리들이 할 수 있는 건
고래등 같은 세상 팔뚝질 하기

자리도 벌이도 놓쳐
용기마저 잊은 우리가 할 수 있는 건
새우, 만만한 새우나 놓고
광장에 두고 도망친 청춘이나 되새김하며
점차적으로 지랄하기

농익은 종기를 짜는 일도 쉽지 않아서
하나는 엎어지고
하나는 자빠지고
하나는 엎어지고 자빠진 것들 일으키다 넘어지기

반백이 넘도록 복날 하나 넘기 힘들어

진물 흥건한 세상에 털썩 주저앉기

적조赤潮

수평선 지우고 누운
칩거가 너무 길다

작정하고 멱살, 잡아야겠다
침묵, 흔들어야겠다
대판 붙어서라도 몇 말씀, 받아내야겠다

어쨌든 파산은 막아야 한다

폐교

똥 위에 똥, 위에 똥 떨어지는
5, 6학년 여학생 변소 벽엔

이. 찬. 재. 바. 보. 똥. 개

찬재를 미워한 아이가 있네
찬재를 참 좋아한 아이가 있네

물고기도 운다

초겨울 아침
살아서 떠나는 물고기
활어차 수족관 가득
눈물 그렁하다
오르막이나 급커브, 급정거마다
튀어 쏟아지는
못다 한 용서들, 혹은
빼앗은 사랑이나 행복에 대한 반성이다

사람이나 물고기나 매한가지
흔한 신문 한 장 꿰차지 못하고
수초 하나 베어 물지 못하고
벗겨지지 않는 옷 한 벌
어미가 준 단 한 벌로 간다

트럭이 흔들릴 때마다
하얗게 눈물 피는 작곡재

살얼음이 출렁거린다

쨍

방울이 할머니 댁 돌복숭아나무 새끼 다닥다닥 달았다

"아고야, 이기 그래 좋다데예"

"올갠 마캐 쌍둥이다"

"무르팍에도 직빵이라카데예"

"내는 고븐 꽃 실컷 봤다. 열매는 니 해라"

배냇귀 잡순 할머니 말씀, 샛길로 날려도 직진이다

구름의 손목

등나무넝쿨 터널처럼 이어진 식당이었어
사람들이 꽃을 굽고 있었지
손을 뻗어 잘 익은 꽃 한 점 집으려는데
어머나, 시커먼 구름이 내려와 두 팔을 확 잡는 거야
뭉글뭉글한 구름에도 손목이 있더라구
시멘트 위로 끌려가는 내 어깨는
강판에 갈리는 햇감자 같았어

충분한 슬픔

구석 탁자 머구리 한 마리
막걸리 한 사발로 숨 고른다
반쯤 벗어 내린 슈츠에서
뚝 뚝 바닷내 나는 오후가 떨어지고
마른멸치 똥 발라내는 문 밖에서
삼천리를 달리고 싶던 자전거는 기운다
일흔 생 만조로 차오르도록
장가 한번 못 가고
포구에 붙어사는 목숨이지만
바다만은 옳게 접수했노라 호기 부렸으니
궂은 날 물질도 겁낼 수 없다
까짓거 이판사판
촌 다방 가스나 하나 들러붙지 않는 몸이지만
실마리 아득한 바다
와락 안고 뒹굴다 나와도 살만하다

태풍

종점약국 유리문이 깨지고 안경원 간판은 코스모스 미용실을 덮쳤다
깔린 세팅 파마가 냉큼 학생 우대에 올라탄다
비에 젖은 속눈썹 파마가 눈을 감는다

스무 해만에 내가 타고 온 200-1번 버스는 벨 눌러도 문 열지 못했다

두드려도 열리지 않던 여자 생각이 났다
오랜만인 아버지가 차마 열 수 없었던 문
아무리 올라타도 코스모스 미용실에 다녀온 엄마는 열리지 않았다
건넌방 열두 살만 작은 자지를 쥐고 밤새 흔들렸다

갱년기

눈높이 엔늘언덕있었지높고가파른돌벽엔검은염소들이노오란눈을뜨고나잡아봐라봐라가뿐하게뛰곤했지그곳꽃피어있어서바람불었는지도몰라 염소들이가끔부끄럼타며돌아보았지언덕너머무엇이우는가를생각해볼겨를도없었어손톱을깎거나머리카락자르며오르고올라도다다를수없는안달난세월이거기있었지

거짓말

거짓말을 사랑했네 아니 미워했네
어느 날 휙 돌아앉은 그대를 미워하듯 사랑했네
오래토록 돌진한 거짓말
아이스크림 떠먹듯 가슴을 한 술씩
파먹었네 오목눈이처럼
예쁜 새가 되는 일도 순순했네
이래도 저래도 벼랑 끝에 서고 말 세월이라고
새도 좋고 승냥이도 좋고 밀려다니는 개복치라도
원숭이 꽃신처럼 이젠 벗을 수 없네
뜨거운 얼음 속에서 자란
로즈마리와 소낙비와 나는
숭숭한 세월을 뒷짐 지고 흐르네

제4부

둘째 발톱

서열 어기고 모가지 내민 둘째는 결국 한방 크게 얻어맞았다

바닥을 벗어나지 못할 줄 알면서도 생떼질하던 둘째는 새카맣게 제 속 태운다

펄펄 날던 오기도 마흔이 넘자 불끈거리지 않는다

끙끙 밀어내는 소리가 까맣게 일어선다

'퉁' 하고 뽑혀나간 자리엔 못한 말들만 물렁하게 뭉쳐있다

오늘은 죽은 둘째 오빠만 생각하기로 했다

가을, 구룡포

그물과 그물 사이로
고통을 지나온 여자와
슬픔에게 걸어가는 고양이
고양이 뒤쫓는 개와
개를 쫓아내는 남자가 오가는 동안
노랗게 햇살 까고 모퉁이 휘어진다
우기와 땡볕 사이
군용담요처럼 깔린 바다로
척척 화투장만 던지던 사람들
난파된 선박 관절 조이고
스쿠류 타고 노는 아비로
돌아가는 길이다

가슴 쫙 편 수부와 수부 사이
서너 근 돼지고기 정도는 우습게 끊는
대목장 설 거기
포기와 망설임과 설렘은

한 항아리에 담겨 있다는 편지
당도하는 거. 기

씨바씨바

물장화 고무장갑 냅다 던지고
고무줄바지 낡은 버선 돌돌 말아 처박고
꽃내 분내 관광 간다
굼실굼실 떡도 찌고
돼지머리 꾹꾹 눌러
정호반점 앞에서 새벽 버스 한 대
씨바씨바 출발이다
소주도 서너 박스 맥주도 서너 박스
행님아 아우야 고부라지며
자빠질 듯 자빠질 듯
흔들며 흔들리며
간다, 매화야 피든 동 말든 동
간다, 빗줄기야 치든 동 개든 동
죽은 영감 같은 강 따라
술 마시고 막춤 추며
씨바씨바 봄이 간다

돌림노래

니끼미 시발 지랄났다꼬 내가 수그리나 시발 사람 나고 돈 났지 돈 나고 사람 났나 야마가 확 돌아뿌네 시발 타고 싶어 탔나 목구녕이 포도청이라 자존심 확 구기뿔고 시발 선금 땡겨 오줄없는 짓 안 했나 시발 문디 지랄 같은 기마 화딱 디비 엎어 뿔고 에이 시벌컥벌컥벌컥컥 컥

아지매요, 도루묵 없능교
감자 삐지 옇고 벌겋게 해다 주소 퍼뜩

니끼미 시발 지랄났다꼬 내가 수그리나
사람 나고 돈 났지 시발 돈 나고 사람 났나

어떤 배려

수산학교 졸업하자마자
총각 딱지 떼어 각시에게 붙여놓고
오월부터 십이월까지 꽁치 떼 따라
삼십 년째 태평양 쏘다니는 선장님
세상에 믿을 년 한 년도 없다면서도
곰실곰실 입 끝에 마누라 달고 삽니다

하물며 선장 각시인데
바람이 나더라도 짱짱하게 나야지
찌질한 놈하고 붙어서야 쓰겠냐며
올 겨울엔 배포 크게 일제 세단 선물했대요

조선천지 여름내 발긋한 목백일홍
그 아래 삼류 연애 하나 꼬불치지 못한 선장님
뱃놈에겐 의심조차 사치라며
짬짬 부린 새끼 거두어주니 고맙고
돌아오는 거기 있어주니 고맙고

고마워서 고마우니 그조차 고마운 거라네요

암수 맞물려 돌았다 하면
멈출 수도
멈추지도 못 하는 게 뱃놈이라네요

목포집 덩실이

주점 문 밀고 들어서니
흰털에 노랑무늬 두렁두렁 박힌 개 한 마리
누워 비키지 않습니다
피해가려다 괘씸하여
버릇없다 툭툭 차며 나무랐지요
꿈쩍도 않습디다
들썩도 못합니다

올해 스무 살이랑께
서방으로 새끼로 왔당께
살아도 너무 살아 죽은 만 못하네만
죽을 때를 못 붙잡아서 저 모냥잉께
타박 말랑께, 말랑께

한때는 덩실덩실 앞발 들고
짓이 나서 핥아대며 새끼처럼 굴었겠지요
엄한 놈 수작 떨면 물어뜯을 기세로

당당하게 서방 노릇도 하였겠지요
산 사람 덕분에 죽을 수 없는 개
털썩 누운 생이 저릿저릿합니다

관풍대

아버지는
열아홉에 한 여자를 바다에 가두었네
아버지가 외면했던 그 여자
보이는 곳에 오두막 짓고 평생 떠나지 않았네
바람에 부푼 검은 치마 속에서
한나절씩 노닐다 오는 날이면 온몸이 젖어 있었네
여자는 가을이었네
겨울이었네, 다시 봄이곤 했네
여자는 꿈이었네
눈물이었네
꿇어앉은 아버지 무릎이었네

과메기

푸른 바다 물빛 털며 돌아가는 생이다
지느러미 흔들고 흔들리며
삶을 부린 저 바다
노대바람 뚫고 명주바람 건너온
아비처럼 어미처럼 돌아가는 길이다
서글픈 속내일랑 뒷산에 묻고
그리운 사랑일랑 가슴에 묻고
시누대에 눈을 꿴 몸뚱이들
덕장마다 환원의 문장을 쓰고 있다
화르르 비늘 돋는 구룡포
차디찬 겨울 빛나는 율동律動
샛바람이 읽고 있다

암연黯然

지친 대가리에 못을 치고
내장 훑어내더니
이제는 다 끝났나 싶어
눈뜰 때

사시미칼
써억써억 갈고 있는
그대
등허리에 내리는
무심한 비

흉어기

패인 상처 곁에 쇠파이프 쌓여 있다
뜯어내고 꿰매는 시공사
관리소장 연락처 펄럭이는 현수막 아래로
장마조차 굽실굽실 지나간다

곪아터지는 소리 담마다 쏟아져
능소화는 피는데
벌어진 상처 봉합한다고
사랑이 돌아올까

낮술은 시비나 붙고
계집아이들 담보도 없이
자꾸 떠나는데

알뜰수선 그 너머

오래된 재봉틀이
색색 실 꿰고 페달 밟아
돋보기 흘러내리는 오후 정성껏 박음질하네요

십수 년이나 묵은 물땡땡이 원피스
낡은 작업복 무릎
찢겨진 체크무늬 팔꿈치

켜켜이 쌓인 사연을
하나씩 데려다 눕히고는
오래된 미련 잘라냅니다
후회 위에는 다짐을 덧대구요
펴고 쓰다듬고 어루만지며
살뜰하게 살다 해진 몸들 쓰다듬네요

다르륵 박고 떠나는 재봉틀 소리
텃밭 실파처럼 싱그럽게

우리들 사주四柱가 일어서고 있어요

오해를 풀다

너를 닥나무로 알고 베겠다
가늘고 길게 자란 오후에다
터억 무쇠솥 걸고
백피 될 때까지 삶고 또 삶겠다
까칠한 말이 끓어
입안 가득 백태가 끼면
초경처럼 붉은 꽃무릇 닥풀 삼아
풋대질 하겠다
네가 으엉으엉 말문 열면
나도 어웅어웅 대답하겠다
말과 말이 부둥켜안은 부벽
투명한 화해 한 장
허리 세우는 소리 듣겠다

숙희 이야기

구룡포발 대구행 아성여객 차장이었을 때
숙희는 한 마리 비둘기였다지요
빨간 명찰 말년 병장 숙박계 날려쓰던 겨울 밤
싸나이 팔뚝에 머리 파묻고
처음 날개를 벌렸다지요
헐거운 여인숙 그 방을 두고
머리채 질질 반장 손에 끌려간 새벽은
세찬 바람으로 울었다지요

태광호도 중심 잔뜩 부풀어 돌아오는데
아무튼 포장치고 회 뜨는 쉰 살 숙희
세꼬시 썰리듯 살아도
첫차보다 먼저 올라탔던 싸나이는
여적 내려오지 않는다지요
명치끝에 아예 눌러 붙었다지요

꼬리

떠나란다고 훌쩍 떠난 당신
족히 백 리는 더 갔을 터인데
쇳줄 끌고 빙빙 도는 검둥이
나는 뱃공장 언덕 조광상회 검둥이만 쓰다듬다가
사정없이 흔들리는 꼬리
읽고 만다

감추지 않는 속내다
버려두어 살아남은
정직한 반응이다

미안하다 핥지마라
속내 읽지 못하고 떠난
이별 탓이 아니다
증오조차 달콤하게 굴리는 흉측한 고깃덩어리
혀만을 갈고 닦은 탓이다

정작 사랑 앞에서
힘차게 흔들려야 할 꼬리
잃은 것조차 잊어버린 내 탓이다

배들이 내항 돌아 나가는 저녁
북실한 반응 차오르는
꼬리뼈가 울고 있다

발문

고통과 죽음을 넘어서는 축제와 제의로서의 말

김해자(시인)

갈기처럼 휘날리는 사자머리, 허스키한 목소리에서 나오는 입담과 포스가 장난이 아닙니다. 어디 '미화' 라든가 '오아시스' 라든가 하는 간판을 건 살롱 앞에 앉아 있으면 지나가던 취객이 돌아와 손가락 구부려 홍정이라도 붙여올 것 같습니다. 웬만한 마담보다 더 마담스러운가 하면 새색시처럼 수굿한 시인을 동네 사람들은 중대장 각시나 호연이 엄마라 부른답니다. 바닷물에 손 한번 안 적시고도 게, 오징어 등 오만 해산물을 한 보따리씩 얻어먹으며 그 동네 '종팔씨' 나 '못된놈' '흰돌이' '쫄쫄이' 등 개들까지도 친구가 되어 살고 있습니다.

"방울이 할머니댁 돌복숭아나무 새끼를 다닥다닥 달았다// "아고야, 이기 그래 좋다데요"// "올갠 마캐 쌍둥이다"// "무르팍에도 직빵이라카데예"// "내는 고븐 꽃 실컷 봤다. 열매는 니 해라"// 배뱃귀 잡순 할머니 말씀, 샛길로 날려도 직진이다"(「쨍」 전문). "자신들 말이 모두 다 시인줄도 모르는" 사람들과 함께 고향보다 더 고향스러워진 구룡포에서 뜨거운 말과 살아 있는 말을 건져 '시' 라는 고기를 낚았습니다. 함께 놀며 먹고 마시기가 밑밥이라면, 남 눈에 잘 안 띄는 배려와 존중은 끊어지지 않는 낚시 줄이겠지요. 낚시 바늘은 글쎄요, 동그랗게 잘도 구부러져 있어 물던 놈이 또 물기 마련이니 허리 딱 접어 절하는 자세가 아닐까 싶습니다. 잘난 사람이 더 잘나지려고 정신없이 내달려야 하는 대도시 사람들과 달리, 진짜로 사람이 고픈 사람들 속에서 놀러오라면 언제든 갈 수 있는 백수로 17년째 살고 있다는 것, 그래서 사는 물이 중요한 거 아니겠습니까.

뜨거운 말, 살아 있는 말

영기가 면도칼로 손목 세 군데나 긋고
수술에서 깨어났을 때
큰형 팔뚝 움켜잡고 했다던 말
나 좀 살려 줘,
형

둘째 영기가 이제는 맘 잡겠다고
오른쪽 새끼손가락 자르고
퇴원하던 날
두 손을 두 손에 가두고 했다던 엄마 말

니는 죽은 니 아부지와 내가 만든
고귀한 선물이다 이 상노무 새끼야

—「뜨거운 말」 전문

위 시에서 영기 씨가 무슨 사연으로 손목을 그었는지는 모릅니다만, 삶과 죽음 사이 저울추가 죽음으로 기울기 시작할 때야말로 진정 살려고 몸부림친다는 것을 보여줍니다. 간절히 살고 싶기 때문에 죽을 작정을 하겠지요. 죽음을 노려보면서 삶 쪽에서 손을 비비는 애원이자 신음인,

몸의 말인 몸부림. 한편 삶과 죽음의 경계에선 삶 쪽으로 기울기를 발원하는 어미이자 부처이자 하느님의 말이 있습니다. 잘났든 못났든 사고뭉치건 상관없이 존재 자체를, "상노무 새끼"를 "고귀한 선물"로 만들어버리는 '뜨거운 말'이. 고통도 비극적 현실도 바람도 웃음이 되게 만드는, 그 살아 있는 말이 시인에겐 뜨거운 말이자 시 자체인지도 모르겠습니다.

아내는 떼로 몰려 온 우환 겨우 치르고 삼재가 들었다는 말 한 마디에 뱀띠 부적 똘똘 말아 끼운 단풍나무 목걸이 걸고 다니다 그만 잃어버리고 말았는데요 다시 재앙의 복판에 선 듯 불안을 안고 살다 아무래도 안 되겠다며 떠난 밀양 어딘가 그 절

나 참, 대단한 큰스님이 써준 것도 아니고 십이지신마다 수십 개 수백 개씩 복제되어 걸린 불교용품점에 그걸 구하러 간 것이 한심하다가 문득 '깊고 간절한 마음은 닿지 못하는 곳이 없다네' 벽에 붙은 한 구절에서 그만 붉어지데요

눈발 뚫고 가는 그 길이 바로 부적입디다요

—「부적符籍」 전문

"깊고 간절한 마음"이면 "닿지 못하는 곳이 없다"는 게 부적이자 신앙인 셈인데요, 그것이 흔하면 어떻고 싸구려 복제면 어떻습니까. "대단한 큰스님이 써준 것"도 아니지만 우환과 재앙과 불안을 피해보려는 비원과 "눈발 뚫고 가는 그 길", 곧 '그것'과 '그곳'을 향해 가는 행위 자체가 부적이겠죠. 위 시에서도 보듯 권선희 시에는 단정 짓고 판단하는 내가 없습니다. 자의식의 과잉이라는 골방에 갇힌 현대시에 희귀한 현상이죠. 나이되 '내가 아닌 나'로 살아간다는 것, 느낀다는 것, 본다는 것이야 말로 기적 같은 일인지도. 권선희 시인은 자신에게 "크게 일어나는 일이 별로 없"어서 "남들 지나가는 것, 보고 사는 것, 듣고 사는" 모두가 본인 서사라더군요. 구룡포 살면서 그는 "사람 됐다" 합니다. 2~3대 걸쳐 보다보니 이 사람이 그 집 자식 아닌가, 그 사람이 이 사람 할매 아닌가, 가계도 읽혀진답니다. 그는 "고여 있는 물에 산다" 합니다. 고인 물은 쉬 썩고 맨날 그 나물에 그 밥일 것 같지만 그는 달리 해석합니다. "답답한 게 아니고 재미있어요. 한 이야기가 멈춰버리는 게 아니라, 감자알처럼 오종종 매달려 캐도 캐도 나오죠. 살다 금방 떠났으면 아무것도 모르고 지나갔을 텐데, 감자알 하나로 묻혀서 섞여서 버무려져서 묻어" 간답니다. 이러니 억세고 힘센 손들이 와서 과하게 흔들지만 않으면 고인 웅덩이도 나와 세상을 비추는 명경지수가 되겠지요.

눈물과 웃음을 버무린 말

복숭아 값 좋아 잘만 하믄 빚 싹다 갚겠다 캤드만 자식 놈 사고 쳐가 후딱 말아 묵고, 집 나간 큰 년 돌아 오이 마 셋째 년 나가삐고, 천 날 만 날 소 새끼 맨키로 일만 하던 마누라는 수술도 몬하고 죽아삤는데 뒷산 텃밭은 와 인자서 저래 값이 오리노 말이다

—「팔자」 전문

서술자의 감정과 판단적 개입이 전혀 없이 한 사내의 한탄조 구술로만 이어진 이 시는 삶이 알 수도 계획할 수도 없는 난센스임을 보여주죠. 아니 부조리 자체가 삶이자 팔자인지도. 한평생 소처럼 일만 하고 자식 뒤치다꺼리만 하다 병들어 죽은 마누라에 대한 연민은 슬픔산을 넘어서야 삐시시 나오는 웃음산입니다. 고통의 산을 넘어서기 위해, 살고 버티기 위한 생존형의 웃음과 말이 여기 있습니다. 아리스토텔레스의 『시학』에 나오는 웃음의 의미를 떠올리지 않더라도 이 부조리한 고해를 견뎌내기 위해 인간은 웃음을 발견했는지도 모르겠습니다. 삶이 바다라면, 웃음은 한바탕 올라가다 스러지는 흰 거품이자 파도인지도.

손 없는 집, 첩 들엿다

영감 하나에 큰댁 작은댁 함께 살았다

작은댁 새끼를 큰댁은 여섯이나 받았다

영감이 병들었다

큰댁은 젖도 안 뗀 막내까지 여섯을 업고 끌고 부산으로 가버렸다

작은댁은 자맥질하며 살았다

큰댁은 광주리장사로 새끼들 키웠다

막내가 장가들 때도 만나지 않았다

영감은 죽지 않고 누워 있다

—「누가 더 불쌍한가」 전문

둘 다 불쌍해서 눈물이 나야 정상일 텐데 웃음이 나옵니다. 권선희 시인의 미덕은 이 못나거나 모자라거나 한때 찌그러졌거나 망가진 주변부의 삶을 존엄하게 호명하지만, 비극에서 엄숙을 떼어내 눈물과 웃음을 한 솥에 쪄낸단 겁

니다. 물론 이 사람을 보라, 며 치켜세우거나 훈계하지도 않습니다. 이 희비극에는 시집을 갔다고도 못 갔다고도 하고 아들이 하나 있다고들 하지만, 말을 못해 사연을 알 길 없는, 물옷 벗고 "저녁마다 비파 청동검 품은 고리족처럼/ 방파제 끝에 큰 키로 서는 언니"가 있습니다.(「복자 언니」) 이 희비극에는 "빨간 명찰 말년 병장 숙박계 날려 쓰"고 "싸나이 팔뚝에 머리 파묻"고 "헐거운 여인숙 그 방을 두고/ 머리채 질질 반장 손에 끌려간 새벽", "구룡포발 대구행 아성여객 차장" 숙희도 있습니다.(「숙희 이야기」) "고작 열아홉 위로 군용트럭이 지나"간 "명자꽃 같은 누이"도 있어, "구만리 바다가 온통 누이 노래로 붉은 적/ 있었"(「다시, 구만리」)답니다. 그런 구만리 같은 사연들이 물질하고 식당에서 회를 뜨고, 공장 나가며 열심히 삽니다. "켜켜이 쌓인 사연을/ 하나씩 데려다 눕히고는" 자르고 덧대고, "펴고 쓰다듬고 어루만지며/ 살뜰하게 살다 헤진 몸들 쓰다듬"으며 수선도 해가며.(「알뜰수선 그 너머」)

여기서부터 권선희 시인을 "받아쓰는 시인' 이라 명명합니다. 받아쓰기는 상대의 말에 판단을 정지하고 듣는 행위로부터 시작하죠. 보고 싶은 대로 보고, 듣고 싶은 대로 듣는, 의도와 자기중심성을 벗어던진 지점에서 전환이 일어납니다. 말하는 상대는 곰곰이 생각하며 자신에게 일어난 사연과 사건과 의미를 다시 해석하기 시작합니다. 여기서 상호교환이 일어납니다. 합리성이라는 필터로 재단하거나 내 이해관계에 의해 채색하지 않고 순수하게 보고 듣는 행위는 순수한 바침이 됩니다. 자신의 정신과 혼을 거기에 집어넣을 때, 그것은 자크 데리다가 언명한 신의 영역이자, 자연 그 자체로서의 증여가 되는지도 모르겠네요. 무로부터 유가 창조되는 자리인지도. 한 존재를, 세계를, 있는 그대로 보고 받아 안는 순수증여는 괴력을 발합니다. 그 힘이 너와 나를 가로질러 세계로 펼쳐질 때마다 현실세계에 뭔가가 탄생하거나 증식을 일으킵니다. 그것의 두드러진 결과물이 우애이자 친교이자 특수하게는 시인지도 모르겠네요. 공동체 안에 함께하되 거리를 유지하는 낯선 관찰자, 거래와 이해관계가 소거된 시선 앞에서 새로운 의미를 획득한 언어가 바로 시가 아닐까 싶습니다.

화끈과 한탕 사이, 한바탕 바다가 있었다

눈송이처럼 터져 심해로 간 사람과
산란 향한 뱀장어 긴 유영과
검은 해류 지나는 푸른바다거북의 안부가
흘러들었다

금빛 복숭아 들고 돌아오는 저녁처럼
비로소 붉어진 나는
눈 감은 채 젖을 무는 바다
이마를 쓰다듬었다

—「수장水葬」 부분

바다에서 태어나 바다 속으로 수장되는 해로서는 매일 반복하는 일이지만, 그날의 탄생과 죽음은 그날 몫, 단 한 번밖에 없는 일대사건이자, "금빛 복숭아를 들고 돌아오"며 붉어진 마음이 되게 합니다. "눈 감은 채 젖을 무는 바다/ 이마를 쓰다듬"는 이 풍경 속에는, 삶과 죽음이 한통속이지만 매 순간 엄연히 구별되어 흘러가는 인간사의 모든 것을 담고 있습니다.

첫 시집 『구룡포로 간다』에는 유달리 수장된 사람들 이야기가 많습니다. 그들은 "떠오르지 않는다// 환장할 노릇이다// 부레도 없는 인간이 바다로 갔다는 것// 파도가 뒷통수를 쳤다는 것// 합동분양소는 텅텅 비었다는 것//아득한 노릇이다".(「실종」 전문) "시퍼렇게 대들던 아들은/ 동네골목도 밝히지 못하는 집어등 타고 떠나/ 돌아오는 길을 잃었다" 생각하는 노모는 몇 차례 권유와 독촉이 있었음에도, 행방불명 신고를 하면 정말로 죽는 것이 될까봐, 아들이 영영 돌아오는 길을 지울까봐, 미루고 또 미루다 둥그

런 등허리로 담벼락에 바짝 붙어서 읍사무소로 갑니다.(「쥐며느리를 닮았다」 부분)

농익은 종기를 짜는 일도 쉽지 않아서
하나는 엎어지고
하나는 자빠지고
하나는 엎어지고 자빠진 것들 일으키다 넘어지기

반백이 넘도록 복날 하나 넘기 힘들어
진물 흥건한 세상에 털썩 주저앉기
— 「종기 짜는 일도 쉽지 않아」 부분

이 시에는 "복날을 구실 삼아 둘러앉"아 "고래등 같은 세상 향해 팔뚝질"하는 어촌 주민들의 형상이 보입니다. "자리도 벌이도 놓쳐/ 용기마저 잊은 우리가 할 수 있는 건" 되새김과 지랄이랍니다. 이처럼 어촌은 주변부화된 곳, 점차 제 몸 곳곳 '농익은 종기"처럼 아픈 곳입니다. "패인 상처 곁에 쇠파이프 쌓여 있"고, "곪아터지는 소리 담마다 쏟아져" 나오며, "낮술은 시비나 붙고/ 계집아이들 담보도 없이/ 자꾸 떠나는" 모습이 어촌 현실이자,(「흉어기」) "작정하고 멱살"을 잡든 "어쨌든 파산은 막아야" 한다는 절박함이 있는 곳입니다.(「적조」) 바다라는 공간은 누구에게는 낭만과 아름다움의 대명사이자 휴양처겠지만, 어부나 선원 입장에서 보면 널빤지 하나로 삶과 죽음이 나뉘는 곳입니다. 잠시 보다 떠나는 체험적 인식과 달리, 10년, 20년 붙어산다는 것은 그 대상을 늘상 삶의 지반으로 경험하는 인식과 감각이 되어 있음을 의미합니다. 일회성 체험과 지속적인 경험의 질은 여기서 달라집니다. 바다와 바닷가에 대한 깊은 경험은 「어떤 배려」에서 보듯, 세칭 뱃놈이라거나 어부에 대한 애정과 연민과 존중을 낳았겠지요.

문학평론가 고봉준은 『구룡포로 간다』 해설에서 "한때 바다와 들판은 인간 삶의 중요한 터전이었다. 인간이 거대한 자연의 한 부분에 불과했던 그때, 삶은 지구와 더불어 순환하는 시간을 살았고, 자연은 인간이 상상할 수 있는 최대한의 것이었다"고 말합니다. "'도시'와 '문명'의 이름으로 등장한 산업사회는 인간이 자연을 착취와 개발의 대상으로 인식하게 만들었고, 그에 따라 인간과 인간, 인간과 자연의 관계는 화폐에 매개되기 시작했다"고. "산업화 시대가 종언을 구하는 지금, 포스트 포드주의로 상징되는 전지구적 자본화의 경향은 전통적인 삶의 방식을 한낱 오래된 미신으로 추락하게 만들었"습니다. 중심을 정하고 그 주변에 방사선 모양으로 주변을 배치하는 게 문명의 속

성인지도 모르겠습니다. 하여, 갈수록 비대칭이 되어가는 현대라는 시대는 결핍과 불안과 죽음을 일상적으로 낳고 있습니다. 그 많고 많은 가장자리의 “삶을 계약 만기”로 만들어놓고 “땡 잡을 날”을 기다리다 외곽부터 점차 스러지게 하는 하는지도.

사내는 자고로 화끈해야 한다고
말끝마다 노래하던 사내
놀음판 개평 챙겨
가끔은 쫄깃한 슬픔도 시켜 먹었다
삶은 이미 계약 만기였으나
수천 번 구르다보면 분명코 땡 잡을 날 온다고
배짱 하나 꼬불치고 뻥치고 등치며
머릿기름 확실하게 발라 넘겼다
흰 운동화만큼은 눈부시게 빨아 신었다
긁으면 긁을수록 부풀어 오르는
가려운 저녁일수록
잃고 따는 법칙 좆나게 읽었다

사내는 자고로 화끈해야 한다고
말끝마다 노래하던 사내
시원하게 그었다

생의 카드깡

용두산 너머 붉은 손목
화끈하게 탄다

—「노을」 전문

이 불타는 노을엔 풍경이 주는 낭만과 구경거리로서의 자연이 없습니다. 처절한 고투로서의 삶일 뿐, 노을과 손목을 그은 사내가 여기서 동격입니다. 계산과 거래가 지배하는 로고스가 네모와 직선이라면, 생각이 멈출 정도로 강도 높게 일하고 취해 쓰러지는 파토스의 동그라미와 곡선은 놀랍게도 도시와 어촌의 삶을 경계 짓는 것 같습니다. 격정과 무료 사이, 엄청난 강도의 '사투와 같은 노동'과 만선이 되었을 때의 한탕과, '아무것도 할 게 없음' 사이에 존재하는 삶의 방식은 연속과 불연속이 주기적으로 길항합니다. 하여, 한탕 도박이나 한바탕 열애와도 같은 화끈한 삶이 따라붙은 부꾸미라면, 부정기적인 수입과 비정규직보다 더한 불안한 생계는 주요 메뉴인 회고, 3, 4차 산업혁명의 중심적 전략이 식탁 자체인 셈입니다. 한탕과 한바탕, 만성적 결핍과 불안 사이를 시계추처럼 오가는 이 모든 가장자리가 '삶'과 '살림'으로 복원되고 재생되어야 하는 절박한 이유가 여기 있는지 모르겠습니다. 단순히 전통사회의 복원이 아니라, 밧줄을 끌어 '오래된 미신' 을 '오래된 미래' 로 들어 올리는 것, 이것이야말로 미래 세대를 위해 우리가 절박하게 해야 할 일인지도.

제의와 축제로서의 말과 놀이

구석 탁자 머구리 한 마리
막걸리 한 사발로 숨 고른다
반쯤 벗어 내린 슈츠에서
뚝 뚝 바닷내 나는 오후가 떨어지고
마른멸치 똥 발라내는 문 밖에서
삼천리를 달리고 싶던 자전거는 기운다
일흔 생 만조로 차오르도록
장가 한번 못 가고
포구에 붙어사는 목숨이지만
바다만은 옳게 접수했노라 호기 부렸으니
궂은 날 물질도 겁낼 수 없다
까짓 거 이판사판
촌 다방 가스나 하나 들러붙지 않는 몸이지만
실마리 아득한 바다
와락 안고 뒹굴다 나와도 살만하다

—「충분한 슬픔」 전문

이 시는 첫 시집 『구룡포로 간다』에 나오는 시와 겹쳐집니다. "그 다방 손님// 열에 일곱은 아내가// 열에 다섯은 아내와 이빨이// 열에 셋은 아내와 이빨과 손가락 없이// 비린내 나는 포구에 붙어// 퇴화를 꿈꾸는// 종점".(「종점다방」 전문) 한때 다방은 음악을 즐기던 휴식의 공간이자 새로운 문화들이 들고나며 부딪치는 낭만과 만남의 장소였습니다. 이제 다방은 '종점'이자 '퇴화'를 의미합니다. 한탕 벌어서 놀러가는 환락도 쾌락도 쉼도 주지 못하는 이 공간은 소외와 외로움과 늙음과 낡음의 대명사가 되어 있습니다. 시인이 사는 어촌 현실이 그렇습니다. 그런데 활력과 꿈이 고작 퇴화뿐인 사람들이 살아가는 이 주변공간을 치유와 놀이와 축제의 공간으로 만들어버리는 사건이 일순간 발생합니다. 고요하고 즐거운 저항이자 반격이라고나 할까요.

자작나무 모텔과 항구다방 사이 골목에 부영식당 있는데요 그 식당 명물 획 돌아앉은 골방이지요 사내들 지퍼 열며 드는 변소 앞이지만요 호마이카 접이상에 눅눅한 미주구리 한 접시, 얼음 서걱한 콩나물국, 늙은 호박 두툼하게 삐져 넣은 도루묵찌개 오르면요 들추는 겨드랑이마다 핀 하얀

소금꽃, 긁을수록 부풀어 오르는 슬픔도 말입니다 팽팽히 울대 세워 진한 농 한 배만 돌리면 다 엉기는

보일러 잘잘 끓는 겨울밤, 새큰한 신참이 빨간 보자기 펴고 보온병 물커피 뽀얀 김 팍팍 올리면요 낡은 꽃 만발하는 벽에 기대어 무능한 지느러미나 난무한 속설 젓가락질하던 사내들 죄다 무너지구요 불알 떨어진 시계만 아찔하게 익어가는

—「골방블루스」 전문

호화판은 아니지만 나름대로 멋을 낸, 푸짐하고 홍성하고 걸죽한 음식과 적당히 음탕한 색과 입담이 꽃을 피우는, 진한 농이 돌되 소란스럽지 않고, 골방이되 닫혀있지 않은 세상은 얼마나 아늑한가. 호마이카 접이상 하나에 모여 든 입들이 이루는 원융원통은 얼마나 화평한가. 치이고 배고프고 슬프고 외롭고 지쳐서 세상으로 한 걸음도 걸어나갈 수 없을 때, 저 골방에 반나절 들었다 나오면 세상은 또 얼마쯤 살 만한 곳으로 변해 있을 것인가. 삶을 견딜 만하게 만들어주는 저 아궁이도 같고 동굴도 같고 여인네 품(남정네 품?)도 같은 골방은 대도시 산업시대 인간에게 얼마나 먼 당신인가. 다들 계절에 맞게 옷들을 챙겨 입었을 텐데 실오라기 하나 걸치지 않은 털 부숭부숭한 짐승들의

시간이 보입니다. 이것과 저것 사이, 막 하나 입히면 헛것이오, 막을 벗으면 진짜 얼굴이 나타나기 시작합니다.

이 골방에서 이루어지는 만남과 접촉이야말로 '날것의 순수증여' 가 아닐런지요. 상품과 거래와 계산의 영역에서는 맛볼 수 없는 유동하는 영혼들의 '순수교환' 이 이 동그란 상을 둘레로 이 사람 저 사람 사이를 옮겨 다닙니다. 이러할 때 말과 웃음과 행위는 전체에게 주는 선물이 아닐런지요. 무상증여이자 선물인 말은, 한숨과 눈물과 웃음을 음식처럼 까고 까발리고 서로에게 바치는 힘으로 개인과 세계를 증식시킵니다. 이 증식은 축적하는 게 아니라, 내 존재의 가장 내밀하고 소중한 것들을 옆에게 혹은 공중에 날려버리고 탕진해버릴 때 발생하죠.

물장화 고무장갑 냅다 던지고
고무줄바지 낡은 버선 돌돌 말아 처박고
꽃내 분내 관광 간다
굼실굼실 떡도 찌고
돼지머리 꾹꾹 눌러
정호반점 앞에서 새벽 버스 한 대
씨바씨바 출발이다
소주도 서너 박스 맥주도 서너 박스
행님아 아우야 고부라지며

자빠질 듯 자빠질 듯
흔들며 흔들리며
간다, 매화야 피든 동 말든 동
간다, 빗줄기야 치든 동 개든 동
죽은 영감 같은 강 따라
술 마시고 막춤 추며
씨바씨바 봄이 간다

—「씨바씨바」 전문

늙음과 낡음과 쇄락을 단번에 뒤집어버리는 이 반전은 지식인에겐 삶을 달리 바라보기 시작할 때 나타나지만, 일상이 고된 육체적 노동으로 이어지는 자에게는 다르게 행동할 때 발생합니다. 아니 삶의 등가물인 노동을 견디기 위해서라도 무게와 시간을 벗어던지는 놀이와 축제가 그들에겐 필요합니다. 온갖 규율과 역할과 자리를, "고무줄바지 낡은 버선 돌돌 말아 처박고" 그들은 놀러 가야 합니다. 개인의 역사도 잊고 주변 경관도 상관없이 "술 마시고 막춤 추며" 가는 길이 해방의 길이자 축제의 길 아니겠습니까. 놀고 웃으며 더불어 행복한 사람들은 그 누구도 착취하지 못합니다. 얻을 것도, 심지어 주려는 의지도 다 놓고, 덩실덩실 더불어 춤추는 상태는 과거의 전복이자 파괴입니다. 값을 잴 수 없는 존재 자체를 파괴시킬 때야말로 존재는 그 전에 축적된 것을 비우고 다시 생성되기 시작합니다. 관상용 혹은 애완용 여자인간이나 남자인간을 사거나, 고가상품을 소비하며 놀 수 없는, 시간을 돈과 바꾼 가난한 사람들은 자기와 동격이자 동류인 사람 자체가 유희의 대상이자 카타르시스의 매개자입니다. 놀이이자 축제이자 재생의 다리가 되어주는 제의야말로 신이 가난하고 노동에 지친 자들에게 준, 뺏길 것도 잃을 것도 없는 선물인지도 모르겠습니다.

사피엔스가 사피엔스에 던지는 질문

과메기 덕장 덕수씨는
짤막한 다리에 긴 허리
딱 벌어진 어깨를 가진
나만 보면 겅중겅중 뛰는 사내다

얼큰이 감자탕집에서 회식한 날
돼지등뼈 싸들고 와서
덕수씨 덕수씨, 부르면

—「덕수씨」 부분

여기까지 읽으면서도 덕수씨가 인간 사내가 아니라는 걸 전혀 눈치 채지 못했죠. 시인이 인정이 좀 많고, 종점다방에 드나드는 사내들처럼 아내가 없거나 정신이 좀 없는 사내라고만 생각하는데, "꼬리 탈탈 털며 자빠졌다 일어날 때마다/ 쇠사슬 끌리는 소리" 에서, 아이구야, 이 덕수씨가 사람이 아니었구나 싶었습니다. 어땠거나 그 사내는 "언 땅에 뼈다귀 쏟아주면/ 달빛 가득한 눈으로/ 뼈다귀 보고 나 보고 뼈다귀 보고 나 보고/ 꼬리만 더 세게 친다// 덕수씨 먹어 어여 먹어/ 그제야 뼈다귀 한번 핥고 나 한번 핥고 / 돼지등뼈와 덕수씨와 내가/ 삼각형으로 이어지는 밤/ 덕장 위로 달이 뾰족하다" 로 끝나는 이 시가 첫시집에서 파안대소를 안겼습니다. 아니나 다를까, 이번 시집에서도 과부에게 서방 노릇하는 개가 등장하네요.

올해 스무 살이랑께
서방으로 새끼로 왔당께
살아도 너무 살아 죽은 만 못하네만
지 죽을 때를 못 붙잡아서 저 모냥잉께
타박 말랑께, 말랑께

한때는 덩실덩실 앞발 들고

짓이 나서 핥아대며 새끼처럼 굴었겠지요
엄한 놈 수작 떨면 물어뜯을 기세로
당당하게 서방 노릇도 하였겠지요
산 사람 덕분에 죽을 수 없는 개
털썩 누운 생이 저릿저릿합니다

—「목포집 덩실이」 부분

해병대 1사단에 두어 철 독서지도 다닌 인연으로, 권선희 시인 신세를 지면서, 저는 그 동네 개란 개의 이름은 다 듣고 그들의 역사까지 꿰게 되었죠. 시인이 기르던 '소낙비' 빼곤 아마 가장 좋아할 듯싶은 '종팔씨'는 다리가 몹시 짧은데, 시인이 부르면 뒤뚱뒤뚱 언제나 달려오더군요. 그들은 "진짜로 서로 통"하는 사이랍니다. 같이 걷다 당사포와 병포리 사이, 마을 경계점에 오면 종팔씨는 시무룩해져서 꼬리 귀 다 내리고 털래털래 뒤돌아서 가는데, 참 이별도 이별도 그런 슬픈 이별이 없어 보입니다. 하 많은 개들을 쭉쭉 빨고 안고 대화하는 시인을 보면서, 개 근처에도 못 가는 저는 멀찍이 떨어져 '후생이란 게 있다면 참 걱정이다. 저 많은 사내들에게 정주고 마음 주고 고기 주고 뼈다귀 주고 저 많은 인연을 어찌할꼬' 혀를 차는데, 평상 밑에 묶여 있는 개가 알은 체합니다. 이름이 '똘이'랍니다. 이 동네 서열 1위인데 너무 사납고 사람한테도 대들어 평상 밑에 묶였답니다. 생긴 것도 미간에 주름이 딱 져서 성질깨나 있게 생긴 그의 별명은 '더런놈' 인데요. 그렇게 불러 더 더런놈이 됐나 싶다네요. 새끼를 낳으면 다 에미 흔적은 없고 '더런놈' 만 빼박아서 새끼들도 다 사납게 생겼다는데 오죽하면 동네 할머니들이 기르는 개 암내 날 때가 되면 '더런놈' 못 만나게 하려고 묶어버렸을까요. 모래사장 갯메꽃 옆에서, 오징어 덕장 아래서, 암컷 만나 겅중겅중 뛰면서 타고난 개의 생을 맘껏 구가하던 그는 이제 연애도 못하고 점점 성질만 사나워지고 있다는데, 권선희 시인과 꼭 닮은 사람이 또 있네요.

고랫배 타고 반평생 싸돌았다마는
살라꼬 온 데로 설쳤다마는
금마가 을매나 자슥들로 물고 빨매 애끼는지
내는 안다

반들반들하니 시커먼 눔 만나믄 말이재
가슴이 벌컹벌컹 뛰는 기라
금마가 을매나 이쁜지 모르재?

내하고 금마하고 똑같이 울렁울렁
지칠 때꺼정 파도 타매 가는데 말이다

금마 옆구리에 몽실하니 새끼가 붙은 기라
우짜겠노 내는 사램이고 지는 괴기니
놓치지 않을라꼬 가기는 간다마는
맴이 억쑤로 씨는 기라

그래그래 가다보믄
새끼가 고마 쳐진다 아이가
그라믄 우짜는 줄 아나?
요래요래 지 한쪽 팔에 새끼로 얹아가꼬 간다
포 쏠라꼬 배는 달라 붙재
새끼는 깩깩 울재
금마 가슴팍에 피멍인들 안 들겠나 말이다

어미 고래로 질질 끄잡고 온 날은
난리가 난데이
울 마눌 입은 째질 대로 째지고
온 동네 사램들 마카 모딘 판장은 그야말로 굿판이재

그라믄 모하겠노
술 한 잔 묵고 든 집구석 온천지
새끼 델꼬 도망치던 금마가 오락가락 하지럴
깩깩거리메 에미 찾을 새끼도 오락가락 하지럴

내 그런 날으는 한 숨도 몬잤데이

지 새끼 내삐리고 소식 읎는 둘째 놈
검둥고래만도 몬한 놈
고래 새끼만도 몬한 내 손주 놈이 가여버가꼬
잠든 볼때기만 조물락 조물락
날밤으로 씨꺼멓게 샜데이

—「사램이 고래만 같으믄」 전문

"반들반들하니 시커먼 눔 만나믄 말이재/ 가슴이 벌컹벌컹 뛰는 기라/ 금마가 을매나 이쁜지 모르재?"라니. 돈 벌라고 고래 잡는 사람 맞나요? '그렇게 이쁘고 가슴 벌렁벌렁하게 하는 놈을 왜 잡아?' 할지 모르지만, 심정과 먹고사는 세계는 저승과 이승처럼 다른 법이죠. 암 약으로 빙어를 날로 드시는 분께, "할아버지 나빠, 이 이쁜 걸 어떻게 먹을 수 있어?" 대들던 손자가 "니도 하나 먹어봐" 했더니, "할아버지 나빠, 이 맛있는 걸 여태 혼자서 먹었어?" 하며 후딱 먹어치웠다는 후배 아들 생각이 납니다. "한쪽 팔에 새끼로 얹아가꼬 간다/ 포 쏠라꼬 배는 달라 붙재/ 새끼는 깩깩 울재/ 금마 가슴팍에 피멍인들 앤 들겠나 말이다". 여기서 눈물이 찔끔 납니다. 고래 잡아 온 날 동네잔치가 벌어지는데, 이 어부는 술 한 잔 드시고 "새끼 델꼬 도망치던 금마가 오락가락" 하고 "깩깩거리메 에미 찾을 새끼도 오락가락" 합니다. 이 대목에서 또 눈물 찔끔. 한 숨도 못 자고, 지 애비 에미가 버리고 도망가 고래 새끼만도 못한 손주놈 잠든 볼때기만 조물락조물락하는 이 대목에서 한숨.

최근에 "나흘 못 채운 만 19년을 곁에서 살" 던 시인의 강아지 '소낙비' 가 죽은 모양입니다. "머리맡에서 하룻밤을 재우곤 아침 일찍 바닷가 기슭 곰솔 아래 묻었" 답니다. "흰 돌 주워 무덤에 울타리를 쳤" 답니다. "수선화 세 뿌리를 옮겨다 심" 고 땅속으로 들여보내고 주문을 읊었답니다. "개가 죽었을 뿐이다/ 개가 죽었을 뿐이다" (「소낙비」) 강변하는 이 시인에게, "뇌가 없어도 사랑을 한다" 는 해파리가 가벼이 보이겠습니까. "그냥 바닷물을 흡수하고 뱉으며 바다로" 살며, "말간 몸에서 발딱발딱 심장만" 뛴다는(「해파리는요」) 것만 봐도 두뇌와 양심지수는 비례하지도 않으며, 아이큐와 감정지수는 상관이 없는 모양입니다.

인공지능이 출현하고 기계를 넘어 사이보그가 인간의 일을 대신해가는 4차 산업혁명이 시작된 지금도 인간들은 옛것을 찾습니다. 휴가를 떠나도 바다나 산으로 가고, 거기서 하는 짓이라는 게 낚시나 수영이나 채취입니다. 노숙과 모닥불과 춤과 노래가 함께하는 것이야말로 수십만 년

사피엔스 유전자에 새겨진 무늬이자 갈망이자 원초적 욕망일까요. 20세기 예술운동은 "라스코로 돌아가라" 였습니다. 초기 인류가 그린 동굴벽화에는 사람보다 동물그림이 더 많고 크고 실감나게 그려져 있지요. 어쩌면 예술과 우리 무의식은 호모사피엔스의 원초적 체험의 복원을 목표로 가동되는지도 모르겠습니다. 자본주의와 화폐 또한 무한 증식과 축적의 논리로 움직인다는 점에서 무한의 절대를 지향합니다만, 예술의 존재 이유가 있다면, 이 무한이라는 것이 생명 그 자체의 무한성과 절대성의 무게를 무의식으로 표출한다는 점이 아닐까 싶습니다. 인공지능이 기사와 평론은 써도 시를 생산하지는 못한다는 것은 시가 이 중중무진의 생명의 일체를 대등하게 대한다는 무한과 절대의 경계에 놓여있어서가 아닐까요.

'사이' 로의 귀환과 긍정의 힘

산전수전 다 지나온 말 한 마리
산전수전 다 지나온 노부부 싣고
하필이면 해맞이 공원에서 꽃무덤 끈다

잘린 시야 측면은

가리개 너머 신神들은 무고한가

추진推進을 촉구促求하는 고삐
재갈을 자극하며 키스하는 모퉁이
절벽 아래 수심은 터무니없는데

채찍이 긋는 이 오후는
이승인가, 저승인가

—「꽃마차는 울며 간다」 전문

10년 만에 시집을 묶는 시인은 "화가 많은 세월이었다" 합니다. 정치현실이 만신창이가 된 것에 비례해 살기도 팍팍해지고, 세상은 갈수록 불화하고 사람 사이에도 분이 넘쳐난 세월이었습니다. 우리가 탄 것은 꽃마차가 아니라 꽃무덤이었으니까요. 가슴속 불을 끄는 비법으로, 비장과 엄숙과 계몽 대신, 웃음과 해학으로 타인과 자신을 어루만지던 시인이 숨겨놓은 패가 하나 있습니다. 그것은 '사이'와 '귀환'입니다.

그물과 그물 사이로
고통을 지나온 여자와
슬픔에게로 걸어가는 고양이

고양이를 뒤쫓는 개와
개를 쫓아내는 여자가 오가는 동안
노랗게 햇살 까고 모퉁이 휘어진다
우기와 땡볕 사이
군용담요처럼 깔린 바다로
척척 화투장만 던지던 사람들
난파된 선박의 관절 다시 조이고
스쿠류 타고 노는 아비로
돌아가는 길이다

가슴 쫙 편 수부와 수부 사이
서너 근 돼지고기 정도는 우습게 끊는
대목장 설 거기
포기와 망설임과 설렘은
한 항아리에 담겨 있다는 편지
당도하는 거. 기

—「가을, 구룡포」 전문

줄과 그물과 인간과 개와 고양이와 햇살이 서로의 꼬리를 잡고 맞물려 돌아가며, 각자 자기 몸을 내어주는 순환의 고리가 보입니다. 이 동그란 사이클은 순수증여와 교환으로 이루어진 세계의 풍어와 대목장을 약속합니다. 화투장 내던지고 "난파된 선박 관절 조이고" "스쿠류 타고 노는/ 아비로 돌아가" 노동과 삶이 곧 축제요, 놀이가 되는 길을 갑니다. "균용담요처럼 깔린 바다"를 중심으로 자기 본연이나 자신의 자리로 귀환합니다. 여기서 문명에 의해 밀려나고 조각나 분리된 바다와 포구는 '중심'이 아니라, '시원성性'을 되찾고 "고통을 지나온 여자"도, "슬픔에게 걸어가는 고양이"도 고리를 잇는 동등한 원이 됩니다.

이제 바다 자체가 한탕 놀며 건질 생의 화투판입니다. 그러나 여기서 수부는 잘나거나 못난, 혹은 비싸거나 싼 가격이 매겨진 인격성이 제거된 상품으로부터 해방된 존재입니다. 대신 자신의 노동과 운과 운명을 걸고 바다와 벌이는 승부사가 되어 있겠죠. 그곳, 바다야말로 "포기와 망설임과 설렘"이 "한 항아리에 담겨" 당도하는 자리입니다. 바다가 아니면 어떻습니까. 도시와 공장과 농촌과 광장과 골방, 이 모든 가장자리를 잇는 사람과 사람 사이가 기쁨과 우애와 친교로 순환하는 길이 되었으면 참 좋겠습니다.

애 지 시 선

002	붉디 붉은 호랑이	장석주 시집
003	붉은 사하라	김수우 시집
004	자전거 도둑	신현정 시집
005	정비공장 장미꽃	엄재국 시집
006	기차를 놓치다	손세실리아 시집
007	바람의 목례	김수열 시집
008	그리운 연어	박이화 시집
009	뜨거운 발	함순례 시집
010	정오의 순례	이기철 시집
011	그 남자의 손	정낙추 시집
012	즐거운 세탁	박영희 시집
013	구룡포로 간다	권선희 시집
014	좋은 날에 우는 사람	조재도 시집
015	여수의 잠	김열 시집
016	축제	김해자 시집
017	뜻밖에	박제영 시집
018	꽃들이 딸꾹	신정민 시집
019	안개부족	박미라 시집
020	아배 생각	안상학 시집
021	검은 꽃밭	윤은경 시집
022	숲에 들다	박두규 시집
023	물가죽 북	문신 시집
024	마늘 촛불	복효근 시집
025	어처구니 사랑	조동례 시집
026	소주 한 잔	차승호 시집
027	기찬 날	표성배 시집
028	물집	정군칠 시집
029	간절한 문장	서영식 시집
030	고장 난 아침	박남희 시집
031	하루만 더	고증식 시집
032	몸꽃	이종암 시집
033	허공에 지은 집	권정우 시집
034	수작	김나영 시집
035	나는 열 개의 눈동자를 가졌다	손병걸 시집
036	별을 의심하다	오인태 시집